Inhalt

Post-Merger Controlling

Kernthesen

Beitrag

Fallbeispiele

Weiterführende Literatur

Impressum

Post-Merger Controlling

M. Westphal

Kernthesen

- Unternehmensvereinigungen oder auch Merger werden mit dem Ziel geschlossen, enorme Synergien auf Kosten- wie auch auf Umsatzseite zu generieren
- Die vielfältigen Synergiepotenziale müssen genau evaluiert und ihre erfolgreiche Implementierung exakt überwacht werden
- Gerade auch die Kostenseite eines Mergers ist sehr komplex und bedarf eines sorgfältigen Controllings

Beitrag

Unternehmensvereinigungen oder auch Merger werden mit dem Ziel geschlossen, enorme Synergien

auf Kosten- wie auch auf Umsatzseite zu generieren. Zur erfolgreichen Realisierung ist aber ein Controlling insbesondere der durch den Merger betroffenen Kostenblöcke essentiell. (1)
Unternehmensübernahmen sind häufig vorteilhafter als Kooperationen, da klare Ziele festgelegt und eine einheitliche Unternehmensführung implementiert werden kann.

Synergiepotenziale von Unternehmenszusammenschlüssen

Economies of Scale

Die sich durch einen Unternehmenszusammenschluss ergebenden höheren Stückzahlen in Produktion, Einkauf, Entwicklung, Vertrieb und Organisation ergeben Kostenvorteile. Je höher die Fixkostenblöcke sind, desto höhere Vorteile lassen sich erwirtschaften. Die relativen Stückkosten sinken aufgrund steigender Skalenerträge. Diese Skaleneffekte werden umso geringer ausfallen bzw. umso schwieriger auszunutzen sein, desto differenzierter die Produkte der Unternehmen sind. (2)

Economies of Scope

Mit Economies of Scope werden komplementierende Effekte im Rahmen einer Diversifikation bezeichnet. Definiert wird die Proportionalität von Produktvielfalt und Wirtschaftlichkeit. Das Potenzial hierfür liegt vor, wenn die gemeinsame Produktpalette billiger produziert werden kann als von einer Gruppe von Einzelunternehmen. Je höher der Anteil der gemeinsam genutzten Produktionsprozesse ist, desto größer ist auch der daraus resultierende Kostenvorteil. Ebenso können sich diese Effekte im Entwicklungsbereich manifestieren.Außerdem können überproportional große Effekte erzielt werden, wenn durch die übernommene Gesellschaft neue Marktzugänge geschaffen werden und der Marktzutritt mit den vorhandenen Produkten in internationale Märkte oder in andere Kundensegmente erreicht wird. Wechselseitiges Cross-Selling der Produkte oder Spill-Over-Effekte in den Vertriebskanälen können diese Effekte noch verstärken. (2)

Best-Practice-Lösungen:

Die Kombination der jeweiligen Prozesse kann

Lerneffekte auslösen, wenn die jeweilige Best-Practice-Lösung unternehmensweit implementiert wird.

Synergien auf Ebene des Managements:

Der Transfer strategischer und operativer Kenntnisse zwischen den Führungsorganen der beteiligten Unternehmen ermöglicht Synergien auf der Ebene des Managements. Darüber hinaus können durch die Verkürzung von Leitungsspannen und die Verringerung der Anzahl der Führungskräfte in Relation zu den Mitarbeitern nennenswerte Kosteneinsparungen realisiert werden. (2)

Mit welchen Kostenblöcken ist zu rechnen?

Die durch einen Merger entstehenden Kostenblöcke fallen zum einen für die Durchführung der Transaktion, insbesondere aber auch im Rahmen der Integration der beiden Unternehmen an. Hierbei werden der transaktionsbedingte Kostenblock häufig als Merger Transaction Costs und die Kosten der

Integration als Merger Integration Costs oder Post Merger Integration Costs bezeichnet.

Gerade die Merger Integration Costs übersteigen manchmal die Erträge aus den Synergien. Allerdings handelt es sich bei diesen in der Regel nicht um Kosten im Sinne des sachzielbezogenen betrieblich bedingten Güter- und Dienstleistungsverzehrs, sondern häufig um außerordentliche Aufwendungen bzw. sogar außerordentliche Investitionen. (1) Problematisch wird das Controlling immer dann, wenn neben der Integration der beiden Unternehmen auch noch eine Restrukturierung vorgenommen wird, um sich von ohnehin nicht mehr wettbewerbsfähigen Strukturen zu trennen. In der Praxis wird es schwierig die Kostenblöcke der Integration von denen der Restrukturierung eindeutig zu differenzieren.

Diese Merger Integration Costs bedürfen daher eines sorgfältigen Controllings. Dieser Kostenblock setzt sich aus folgenden Bestandteilen zusammen:

Bestandteile der Merger Integration Costs:

Außerordentliche

Personalaufwendungen

(Besonders dann, wenn ein wesentliches Moment der Unternehmensvereinigung in der Realisierung von Synergien durch die Zusammenlegung von Funktionen und Standorten liegt.) Diese können in Form von sozialplanbedingten Kosten oder aber auch Aufwendungen für die Akquise neuen Personals entstehen, da bei Zusammenlegung von Standorten, die mehrere 100 Kilometer auseinanderliegen, häufig mehr Mitarbeiter verloren werden, als eigentlich abgebaut werden sollten.

Außerordentliche Abschreibungen auf das Anlagevermögen

Sonderabschreibungen fallen häufig an für überflüssiges Anlagevermögen in Fabriken, welches in der Regel nur unter Buchwert verkauft werden kann. Ebenso können bei langfristig angemieteten Gewerbeimmobilien Sonderabschreibungen notwendig werden.

Beratungs- und Rechtskosten

Im Rahmen des Personalabbaus oder der Synchronisation von unterschiedlichen

Betriebsvereinbarungen können Rechtskosten anfallen. Ebenso können Beratungskosten anfallen für die Synchronisation von unterschiedlichen Methoden und Verfahren z. B. im Rechnungswesen.

Sonstige zusätzliche Kosten

Es gibt eine Vielzahl von zusätzlichen Kosten, die im Rahmen der Integration eines Mergers auftreten. So nehmen z. B. die Reisekosten häufig zu, so dass es sich gegebenenfalls sogar lohnt, schon im Vorfeld mit Hotels und Fluggesellschaften Nachlässe auszuhandeln. Ebenso ergeben sich aus Betriebsverlagerungen ansteigende Lagerkosten. Wird ein neuer Name für das Unternehmen gewählt, fallen darüber hinaus Kommunikationskosten in häufig nicht unerheblichem Ausmaße an, ebenso wie für den Neudruck von Visitenkarten, Verpackungsmaterial und Briefpapier.

Außerordentliche Investitionen

Erweiterungen am übernehmenden Standort können zu außerordentlichem Investitionsvolumen genauso führen wie hohe Investitionen in IT-Landschaften, da unter Umständen keine Kompatibiliät der aufeinandertreffenden Systeme herrscht. (1)

Die Ablaufplanung für die Mergerphase nach abgeschlossener Transaktion:

- Besetzung der zukünftigen Führungspositionen
- Konzeptionierung einer neuen Aufbauorganisation
- Berücksichtigung von Entscheidungs-, Informations- und Transportwegen sowie länderspezifischen Anforderungen bei der Zentralisierung von Tätigkeiten
- Detaillierung der Geschäftsprozesse

Im Anschluss an diese personalkritischen Synergiefelder können Programme zur
- Optimierung des Einkaufs
- Neuordnung von Produktkompetenzen an den Produktionsstandorten
- Konsolidierung der Distributionslogistik
- Konsolidierung von Vertriebs- und Servicenetzen
- Einführung eines Produktordnungssystems

beschlossen werden. (3)

Ausgestaltung der

Aufbauorganisation

Es bieten sich grundsätzlich vier Strategien zur organisatorischen Zusammenführung zweier Unternehmen an. - Ein integriertes Kerngeschäft mit autonomen Tochtergesellschaften,
- unabhängige, in sich integrierte Geschäftsbereiche,
- eine Holding ohne Integration
- eine vollständige Integration der beiden Unternehmen.
Alle Strategien außer der Holding sind auf eine sinnvolle Zusammenfassung von Verantwortungsbereichen zu überprüfen, um Leitungsspannen zu verkürzen und Doppelspitzen zu eliminieren, mit dem Ziel die Anzahl der Führungskräfte in Relation zu den Mitarbeitern zu reduzieren. (3)

Konsolidierung von Querschnittsfunktionen

Die Zentralisierung von Querschnittsfuktionen wie Personalabteilung, Auftragsabwicklung, Rechnungswesen, Controlling, IT, etc. ermöglicht die Realisierung von Kostensenkungseffekten. Prozessanalysen unterstützen dabei die Optimierung und Neudefinition von Schnittstellen. Inwieweit die einzelnen Funktionen komplett zentralisiert werden können, hängt von den spezifischen Gegebenheiten des Umfelds des Unternehmens ab, so können länderspezifische gesetzliche Anforderungen nur eine bedingte Durchsetzung eines zentralisierten Rechnungswesens nach sich ziehen. (3)

Vernetzung von Entwicklungsaktivitäten

Das Hauptfeld für realisierbare Synergien liegt in der Schaffung eines gemeinsamen Produktordnungssystems als Ausgangsbasis für Standardisierungen und Mehrfachverwendungen von Einzelteilen, Teilsystemen oder ganzen Baugruppen. (Baukastensystem, Modularisierung, Plattformstrategie) Zu achten ist darauf, dass die lokale Bindung von Mitarbeitern und das personenbezogene Entwicklungs-Knowhow einer kurzfristigen wesentlichen Reduzierung des Personalaufwandes entgegenstehen. (3)

Neuverteilung der

Produktkompetenzen auf Produktionseinheiten

In der Produktion lassen sich durch die Zusammenlegung von Standorten Stückkostendegressionen realisieren. Schwierigkeiten können sich ergeben, wenn z. B. der für die Verlagerung anfallende Aufwand die positiven Effekte übersteigt. Ebenso kann das Erfordernis der regionalen Bedienung der Märkte eine Reduzierung der Produktkompetenzen pro Standort erschweren. (3)

Konsolidierung von Beschaffungsvolumina und Einkaufsorganisation

Beschaffungsvolumina sowie die Anzahl der Lieferanten können konsolidiert werden, was zu einer Steigerung der Einkaufsmacht gegenüber den Lieferanten führen kann. Die Einführung von Produktordnungssystemen, wie auch die Schaffung einer Einkaufsorganisation mit einem zentralen strategischen Einkauf und dezentralen Beschaffungseinheiten, können zu Effizienzsteigerungen führen, die mit relativen

Messgrößen wie der Anzahl der Bestellungen pro Jahr zur Anzahl der Mitarbeiter im Einkauf gemessen werden kann. (3)

Konsolidierung der Distributionslogistik

Im Bereich der Distributionslogistik ist eine mögliche Bündelung und Elimination von Redundanzen der Läger und Transporte zu analysieren. Eine Best-Practice-Lösung der Kooperationspartner im Hinblick auf ihre Prozesse kann hier zusätzlich zu Kosteneinsparungen führen. (3)

Controlling der Post Merger Integration Costs

Gerade die Post Merger Integration Costs können ein Ausmaß annehmen, dass sie zu einer entscheidungsrelevanten Größe werden lassen kann im Hinblick auf eine Entscheidung, ob eine Unternehmensvereinigung überhaupt einen langfristigen wirtschaftlichen Vorteil verspricht. Sämtliche diesbezüglichen Kosten müssen schon in

einer Frühphase genauestens identifiziert und kommuniziert werden. Geschieht dieses nicht, führt ein kontinuierliches "Nachmelden" zu negativen Auswirkungen auf den Kapitalmärkten oder in der Meinung anderer Dritter, da der Eindruck entsteht, dass der Merger Integration-Prozess nicht unter Kontrolle ist. (1)
Aber gerade die tatsächlich notwendigen Kosten für die Integration sind in einem hohen Maße beeinflussbar. Spätestens in der Transaktionsphase während der Unternehmensbewertung und der anschließenden Due Dilligence ist eine möglichst exakte Abschätzung der Post Merger Integration Costs unabdingbar. (1)
Dem Controlling kommt hierbei die Rolle zu, innerhalb des strategisch festgelegten Grads der geplanten Integration, die nachgelagerten Einzelentscheidungen kostenmäßig zu bewerten und möglichst schon im vorhinein unwirtschafltliche Integrationsschritte zu identifizieren und dann zu vermeiden. Ebenso führt eine Operationalisierung des gesamten Integrationsprozesses auf Kostenebene dazu, Maßnahmen zu entwickeln, die für notwendig erachteten Kosten zu senken. (1)
Bei der Steuerung und Kontrolle ist die Einhaltung der geplanten Integrationskosten zu gewährleisten und die ggf. notwendige Ergreifung von Gegenmaßnahmen bei Überschreitung rechtzeitig vorzunehmen. (1)

Sämtliche Maßnahmen inklusive bewerteter Potenziale müssen erarbeitet und der Abarbeitungsgrad kontinuierlich nachgehalten werden. (3)
Allerdings werden die jeweiligen Spezialisten der Fachbereiche für gewöhnlich erst nach Abschluss der rechtlichen Transaktion eingeschaltet, weshalb erst in dieser Phase die abgeschätzten Post Merger Integration Costs nachhaltig verifiziert werden können.
Da aus diesem Grunde Probleme in der Integration, die im vorhinein nicht absehbar waren, erst in dieser Phase auftauchen, ist eine permanente Plan-Ist-Abweichungsanalyse oder ein Erfolgs- und Maßnahmencontrolling unabdingbar. Erst mit einer zunehmenden Stabilisierung der Organisationsstruktur ist auch mit einer "Normalisierung" der Controllingprozesse zu rechnen. (1)
Neben den reinen Umsatz- und Kosteneffekten ist auch die Performance der Geschäftsprozesse kontinuierlich im Hinblick auf Qualität, Durchlaufzeiten und Liefertreue zu evaluieren. (3)

Fallbeispiele

Am 30.11.1999 fusionierten die Mineralölkonzerne Exxon und Mobil. Die daraus hervorgegangene Exxon Mobil Corporation gibt an, resultierend aus diesem Schritt bis Ende 2001 kumuliert operative Synergien in Höhe von 9 Milliarden US-Dollar realisiert zu haben. Dagegen werden aber auch kumulierte 2,9 Milliarden US-Dollar als Merger-relevante Aufwendungen genannt. (1)
Der aus den Unternehmen Glaxo Wellcome und SmithKline Beecham hervorgegangene Konzern GlaxoSmithKline beziffert die im Jahre 2001 angefallenen Merger Integration Costs mit 1,069 Mrd. britischer Pfund. (1)

Die Integration des Bereichs Technologie bei DaimlerChrysler resultierte in einem 30-prozentigen Anstieg der Patentanmeldungen pro Jahr. (3)

Prominentes Beispiel für die erfolgreiche Implementierung eines Produktordnungssystems nach einem Unternehmenszusammenschluss ist das Plattformsystem der Marken Audi, VW, Seat und Skoda. (3)

Weiterführende Literatur

(1) Herter, Roland N., Post Merger Integration Controlling, Controlling, 09/2003, S.451 457

aus Computerwoche, 03.10.2003, Nr. 40, S. 44-45

(2) Wildemann, Horst, Programm zur Realisierung von Synergien nach Mergers & Acquisitions Teil 1, Wirtschaftswissenschaftliches Studium, Heft 10/2003, S.596 - 602
aus Computerwoche, 03.10.2003, Nr. 40, S. 44-45

(3) Wildemann, Horst, Programm zur Realisierung von Synergien nach Mergers & Acquisitions Teil 2, Wirtschaftswissenschaftliches Studium, Heft 11/2003, S.660 664
aus Computerwoche, 03.10.2003, Nr. 40, S. 44-45

(4) Unternehmenskaeufe meist grenzueberschreitend aus DVZ, Nr. 136 vom 13.11.2003

Impressum

Post-Merger Controlling

Bibliografische Information der deutschen Nationalbibliothek

Die Deutsche Nationalbibliothek verzeichnet diese Publikation in der deutschen Nationalbibliografie; detaillierte bibliografische Daten sind im Internet über http://dnb.d-nb.de abrufbar.

ISBN: 978-3-7379-0005-8

© 2015 GBI-Genios Deutsche Wirtschaftsdatenbank GmbH, Freischützstraße 96, 81927 München, www.genios.de

Alle Rechte vorbehalten. Dieses Werk ist einschließlich aller seiner Teile – z.B. Texte, Tabellen und Grafiken - urheberrechtlich geschützt. Jede Verwertung außerhalb der Grenzen des Urheberrechtsgesetzes bedarf der vorherigen Zustimmung des Verlags. Dies gilt insbesondere auch für auszugsweise Nachdrucke, fotomechanische Vervielfältigungen (Fotokopie/Mikroskopie), Übersetzungen, Auswertungen durch Datenbanken oder ähnliche Einrichtungen und die Einspeicherung und Verarbeitung in elektronischen Systemen.